Engelbert Kötter

Meine Rennmaus
und ich

Mitarbeit: Ehrenfried Ehrenstein
Fotos: Christine Steimer
Zeichnungen: Renate Holzner

Geschichten: Gabriele Linke-Grün

Inhalt

Goldene Regeln für die Haltung

take care

Typisch Rennmaus

watch it

Goldene

Nagen, flitzen, klettern, sich verkriechen, ein Sandbad nehmen
und mit Artgenossen kuscheln, das mögen Rennmäuse
am liebsten. Zum perfekten Glück fehlen dann nur noch abwechs-
lungsreiches Futter und ab und zu ein paar saftige Sonnenblumenkerne, ein Mehlwurm oder eine Nuß als Leckerbissen.
Für die gute Pflege bedanken sich Ihre Rennmäuse durch
besondere Zutraulichkeit bei Ihnen.

Regeln
für die Haltung

take care

Die 10 Goldenen Regeln zur Ausstattung

take care

1 Ein möglichst großer Etagenkäfig ist für Rennmäuse am besten geeignet. Mindestgröße für zwei Tiere 30 x 55 cm.

2 Ein großes Aquarium oder Terrarium eignet sich ebenfalls zur Unterbringung.

3 Wer Basteltalent hat, kann auch mehrere Käfige oder Aquarien zu einem großen Käfigverbund vereinen.

4 Die passende Einstreu besteht aus Kleintierstreu oder sauberem Sand. Weiches Nistmaterial (z. B. Heu, Tissue) rundet die Einstreu ab.

5 Holzbrettchen, geeignete Zweige, Pappkartons sind ein Muss für die nagebegeisterten Flitzer.

6 Ein Laufrad aus Metall nutzen Rennmäuse für ausgiebiges Fitnesstraining.

7 Klettermaterial wie Steine, Holzstücke oder Borkenteile bieten Spiel- und Versteckmöglichkeiten.

8 Eine Pappröhre erleichtert das Zurückbefördern in den Käfig.

9 Die aufhängbare, tropfsichere Trinkflasche dient als Tränke.

10 Ein flaches Keramikschälchen, mit Vogelsand gefüllt, ist eine willkommene Einladung zum Sandbaden.

Die 10 Goldenen Regeln zur Ernährung

1 Rennmäuse bevorzugen eine vielseitige, abwechslungsreiche Ernährung.

2 Körnerfutter ist das Hauptfutter: Haferflocken, Müslimischungen ohne Zucker, Hamster- oder auch etwas Waldvogelfutter.

3 Auch eine halbe Scheibe Knäckebrot wird ab und zu gern genommen.

4 Geeignetes Gemüse, in kleinen Mengen, ist: Möhren, Endivien, Chicorée, Gurken, gekochte Kartoffeln.

5 Nicht geeignetes Gemüse ist: Rohe Bohnen, Sauerampfer und grün gewordene Kartoffeln.

6 Zahlreiche Obstarten werden gern genascht.

7 Ungiftige Zweige (z. B. von Obstbäumen, Birke, Haselnuss, Buche) dienen zugleich als Nagematerial.

8 Besonders Muttertiere und Junge mögen tierische Eiweißkost! Ab und zu ein paar Mehlwürmer, wenig gekochtes Ei oder Joghurt ergänzen das Futterangebot.

9 Sonnenblumen- und Kürbiskerne wie auch Nüsse nur sparsam füttern!

10 Mindestens einmal wöchentlich das Trinkwasser wechseln!

take care

Die 10 Goldenen Regeln zur Pflege

1 Rennmäuse fühlen sich nur wohl, wenn sie mit mindestens einem Artgenossen zusammenleben dürfen.

2 Der Käfig sollte an einem hellen, trockenen, nicht zu kühlen oder zugigen, lärmgeschützten Platz stehen.

3 Mindestens einmal monatlich muss der Käfig gereinigt werden.

4 Grobe Verunreinigungen sollten Sie schon vorher entfernen.

5 Sorgen Sie stets für genügend Nagematerial wie Zweige, Holzbrettchen, Pappe.

6 Übrig gebliebenes Frischfutter unbedingt am nächsten Tag aus dem Käfig nehmen.

7 Körnerfutter kann einfach auf die Einstreu gegeben werden.

8 Um sich auszutoben, brauchen Rennmäuse häufigen Auslauf in der Wohnung.

9 Nach einem Auslauf kehren die Tiere manchmal selbstständig in den Käfig zurück, wenn er für sie leicht erreichbar ist. Man kann sie aber auch mit einer Pappröhre einfangen, um sie nicht handscheu zu machen.

10 Eine Rennmaus darf niemals an der Schwanzspitze gezogen oder gehoben werden – sie reißt leicht ab!

take care

Typisch

Dschingis und Khan sind Brüder. Die beiden
Rennmausmännchen vertragen sich wunderbar.
Doch gelegentlich ist gegenseitiges Kräftemessen
angesagt. Dann richten sie sich auf und betrommeln
sich mit den Vorderpfoten. Verletzt wird dabei natürlich
niemand. Doch immerhin ist klar geworden,
dass Dschingis immer noch genauso stark ist wie Khan.

Rennmaus

watch it

Von der Steppe in die Stube

Die putzige Mongolische Rennmaus, auch Wüstenrennmaus genannt, hat erst seit wenigen Jahrzehnten die Herzen der Nagerfreunde erobert. Dafür aber im Sturm! Zu Hause sind die lebhaften kleinen Nager eigentlich in den Steppen der Mongolei. Dort leben sie bevorzugt unter Sträuchern, die ihnen Deckung geben, und in weitläufigen Bau- und Gangsystemen, die gegen Winterkälte und Sommerhitze isolieren. Das Sandbaden, das Scharren und Buddeln, das Flitzen von Unterschlupf zu Unterschlupf sind typische Verhaltensweisen von Rennmäusen. Auch als Heimtiere zeigen sie das gesamte Verhaltensrepertoire ihrer »wilden« Verwandten. Die Nahrungsansprüche unterscheiden sich ebenfalls nicht wesentlich von Rennmäusen, die in freier Natur leben. Als Hauptnahrung dienen Getreidekörner. Gern wird dazu auch einmal etwas saftiges Grünfutter, eine Frucht oder ein Insekt verspeist, womit die Tiere ihren Feuchtigkeitsbedarf decken. Mit Wasser dagegen gehen Rennmäuse sparsam um. Angenehme Folge für die Haltung: Die Tiere sondern wenig Urin ab.

Rennmäuse sind Familientiere

In der Natur bilden Rennmäuse Familienverbände. Pro Bau leben die Elterntiere mit bis zu zwei Würfen so lange zusammen, bis die älteren Jungtiere eigene Clans bilden. Untereinander erkennen sich die Tiere am Geruch. Bei der gegenseitigen Fellpflege sondern sie mit dem Speichel einen Geruchsstoff ab, der erkennen lässt: Das ist ein Mitglied unserer Sippe!

Die Herkunft aus der mongolischen Steppe liegt den Rennmäusen noch immer im Blut. Sandbaden und Buddeln finden sie klasse.

Dschingis und Khan

Die beiden Brüder aus dem Rennmausclan ge-
fielen mir auf Anhieb. Sie sollten ein tolles
Rennmausleben bei mir zu Hause haben. Und weil
ihre Heimat eigentlich die Steppen der Mongolei
sind, gab ich den quirligen Nagern einen berühm-
ten Namen: den Vorwitzigen nannte ich Dschingis,
den Vorsichtigen Khan – nach Dschingis Khan, dem
Anführer der Mongolen. Das geräumige Mäuse-Heim war
so eingerichtet, dass eigentlich jedes Rennmausherz
höher schlagen musste: Es gab eine Sandbadezone,
Wurzeln zum Klettern und Verstecken, weiche Einstreu und alles Mögliche zum Zernagen. Hier konnten
sich Dschingis und Khan wahrlich behaglich fühlen.
Doch Dschingis dachte gar nicht daran, seine Zeit
etwa mit dem Bau eines kuscheligen Schlafnestes zu
vertun. Er testete zunächst einmal die Beständig-
keit der Käfigtür. Beharrlich richtete er sich auf,
nutzte dabei seinen Schwanz als Stütze und stemmte
seine Vorderpfötchen gegen die Tür. Tatsächlich
sprang das Türchen auf und Dschingis unternahm seinen ersten Ausflug ins Zimmer. Khan hockte derweil
abwartend unter einer Wurzel im Käfig. Ob das wohl
gut gehen würde? Es ging gut, wenn auch mit einem
Denkzettel für mich. Dschingis
hatte nämlich meinen Krimi
auf dem Boden gefunden, die
letzten Seiten gründlich
zwischen die Zähne genommen
und so schnell zu winzigen
Papierfetzen verarbeitet,
dass ich ihn nicht mehr
bremsen konnte. Nun würde
ich vorerst nicht erfahren,
wer der Mörder war.

Allein ist es langweilig

Weil Rennmäuse sehr gesellige Tiere sind, hält man sie auch mindestens zu zweit. Es muß jedoch nicht immer ein Pärchen sein. Auch Tiere gleichen Geschlechts kommen gut miteinander aus. Die Erfahrung zeigt, dass vor allem Geschwisterpaare miteinander harmonieren. Besonders zwei Brüder vertragen sich gut. Bei Weibchen kommt es mit zunehmendem Alter eher mal zu Rangeleien. Rennmäuse fühlen sich nur in der Nestgemeinschaft mit Artgenossen wohl. In der Gruppe schlafen die niedlichen Nager sogar in bis zu drei Lagen übereinander! Während die einen schlafen oder schlummern, sind andere damit beschäftigt, ihnen das Fell zu pflegen. Aber nicht nur im gemeinsamen Nest gehen die Rennmäuse aufeinander ein. Auch während des Auslaufs – wann immer sie sich treffen – beschnuppern sie sich kurz. So erkennen sie in der Natur, ob der Artgenosse auch wirklich zum eigenen Clan gehört. Manchmal betrommeln sich zwei gleich starke Rennmäuse, um die Kräfte zu messen. Aber wehe, es handelt sich um einen fremden Eindringling. Dann können die sonst außerordentlich umgänglichen Rennmäuse zu wahren Beißern werden. Im Allgemeinen ist der Renn-

So sind Rennmäuse

→ Rennmäuse sind keine echten Mäuse, sondern eher mit unseren einheimischen Feldhamstern und Feldmäusen verwandt.

→ Ihre Heimat ist die südliche Mongolei bis in den Nordosten Chinas hinein.

→ Rennmäuse leben von Natur aus in der Gruppe.

→ Als Nagetiere fressen sie hauptsächlich Körner und Saaten. Abwechslung auf dem Speiseplan bieten Ihren Rennmäusen Obst und Grünfutter, aber auch Mehlwürmer und andere Insekten.

→ Nagematerial und viel Auslauf sind wichtig für das Wohlbefinden der Rennmäuse.

→ Ihre Lebenserwartung als Heimtier liegt bei 3 bis 4 Jahren, etwa 2 Jahre länger als in freier Wildbahn.

→ Es gibt sie mittlerweile auch in zahlreichen, attraktiven Farbschlägen.

→ Rennmäuse werden außerordentlich zutraulich, aber selten absolut handzahm.

→ Sie sind in einem Rhythmus von rund 2 bis 4 Stunden tag- und nachtaktiv.

mausalltag jedoch durch das Verlangen nacheinander, durch gegenseitige Fürsorge und lebhafte, spielerische Rangeleien bestimmt.

Die Größe einer Rennmausgruppe sollte 10 bis 15 Tiere nicht übersteigen, da sonst die Rangeleien zunehmen und leichter in einem ernsthaften Streit enden können.

Den richtigen Partner finden

Nicht immer haben sich bereits mindestens zwei Rennmäuse zu einer Mini-Gruppe zusammen gefunden. Wenn jedoch ein Einzeltier einen Artgenossen bekommen soll, kann das Aneinandergewöhnen zum Problem werden. Es gibt Tiere, die sich im wahrsten Sinne des Wortes nicht »riechen« können!

Junge Rennmäuse im Alter von sechs bis acht Wochen lassen sich in der Regel problemlos zusammensetzen. Ältere Tiere müssen dagegen sehr vorsichtig aneinander gewöhnt werden. Bewährt hat sich folgende Methode: Trennen Sie einen kleinen Käfig (auch Aquarium) durch ein stabiles Maschendrahtgitter in zwei gleich große Hälften. Wichtig: Es darf keinesfalls Schlupflöcher geben! Setzen Sie in jede Hälfte eine Rennmaus, zusammen mit ausreichend Einstreu. Platzieren Sie einige Tage lang mehrmals täglich das eine Tier im Käfigteil des anderen und umgekehrt. Geben Sie auch jedesmal etwas Einstreu von der einen in die andere Käfighälfte. So nehmen die Rennmäuse den gegenseitigen Geruch an und erkennen sich später daran. Nach etwa einer Woche können Sie es wagen, den Tieren unter Aufsicht gemeinsam Auslauf in einem kleinen überschaubaren Gelände zu gewähren. Kommt es zu nachhaltigen Beißereien, müssen die Tiere sofort wieder getrennt und die Austauschprozedur weitergeführt wer-

So heben Sie Ihre Rennmaus richtig hoch, ohne sie zu verschrecken: mit beiden Händen und auf der offenen Handfläche.

TIPP vom ZÜCHTER

Längst gibt es viele hübsche Farbschläge von Rennmäusen. Doch wer züchten möchte, kommt oft nur schwer an Elterntiere neuerer Farbschläge. Im Internet finden aber zunehmend die Rennmausfreunde zueinander – auch um Zuchttiere auszutauschen.

den. Bleibt es friedlich zwischen den beiden, setzen Sie sie zusammen in den normalen, großen Käfig. Geben Sie auch dorthinein die vermischte Einstreu aus dem »Gewöhnungskäfig«, und beobachten Sie die Tiere weiterhin.

Lust auf Nachwuchs?

Zu den besonders schönen Erlebnissen mit Rennmäusen gehört es mitzuerleben, wenn sich Nachwuchs einstellt und wie sich die Jungtiere entwickeln. Doch die Zucht mit Rennmäusen sollte sorgfältig geplant werden. Sind Sie dazu bereit, mit den Nachkommen künftig eine größere Pflegegruppe zu betreuen? Beachten Sie, dass das Rennmausweibchen bereits am Tag der Geburt ihrer Jungen vom Vatertier wieder gedeckt werden kann. Möchten Sie die Halbwüchsigen später abgeben, werden Sie Abnehmer brauchen. Auch der Zoofachhandel übernimmt nur eine begrenzte Zahl an Jungtieren!

Wird es im Rennmauskäfig nach dem Heranwachsen der Jungen zu eng, besteht die Möglichkeit, mehrere Käfige oder auch Terrarien bzw. Aquarien durch Drainagerohre zu verbinden, die als Überlaufröhren angebracht werden und den Rennmäusen den Wechsel von einem in den anderen Käfig ermöglichen.

Möchten Sie die Zucht einstellen, sollten Sie die Sippe auf verschiedene Käfige aufteilen. Das Vatertier wird mit zwei männlichen Nachkommen aneinander gewöhnt, das Muttertier hingegen mit zwei weiblichen. Man gibt zwei Jungtiere zum Alttier, weil dieses in der Regel einen deutlichen Altersvorsprung hat. Stirbt das Alttier wegen seiner geringeren Lebenserwartung, bleibt das Geschwisterpaar beisammen. Wollen Sie nur das Elternpaar von den Jungen trennen, aber zugleich die Zucht beenden, besprechen Sie die Möglichkeiten einer Kastration bzw. Sterilisation der Nager mit Ihrem Kleintierarzt.

Die Jungenaufzucht

Rennmäuse sind monogam veranlagt. Am besten paart man gleichaltrige Tiere miteinander. So ist dafür gesorgt, dass die Tiere möglichst lang beieinander sein können. Die eigentliche Begattung zieht sich übrigens häufig über einen halben Tag hin. Bis zur Geburt der Jungen müssen Sie sich dann noch 23 bis 26 Tage gedulden.

Säugt das Muttertier während der Trächtigkeit gerade einen Wurf, kann sich die Zeit zwischen Begattung und Werfen verdoppeln.

Das schwangere Weibchen wird mit der Zeit immer behäbiger. Erst im allerletzten Moment beginnt es, ein Wurfnest herzurichten. Kurz vor der Geburt verweist es alle anderen Familienmitglieder des Nestes. Diese bauen sich vorübergehend ein eigenes Nest und ziehen dorthin um.

Rennmauseltern kümmern sich gemeinsam um den Nachwuchs. Verlässt das Weibchen das Wurfnest, schlüpft häufig das Männchen hinein, um die noch nackten Jungen warm zu halten. Das Weibchen deckt den Nachwuchs oft auch mit Nisteinstreu zu. Während ihrer ersten Lebenstage werden Sie folglich eher das Fiepen der Kleinen hören, als sie sehen. Nach vier Tagen sprießen bei den Jungen die ersten Haarspitzen, nach etwa drei Wochen öffnen sich ihre Augen. Um diese Zeit krabbeln sie bereits häufiger aus dem Nest – viel Arbeit für das Muttertier, die Abenteurer am Nackenfell zu packen und wieder in das sichere Nest zu verfrachten. Mit rund fünf Wochen sind die Jungtiere selbstständig. Geschlechtsreif werden sie jedoch erst rund vierzehn Tage später.

→ Das tut Ihren Rennmäusen gut: Für die Rennmauseltern, ganz besonders für das Muttertier, ist die Jungenaufzucht kräftezehrend. Unterstützen Sie deshalb das Weibchen während der Trächtigkeit und während der Zeit des Säugens mit Extragaben eiweißhaltigen Futters. Das können gelegentlich etwas Naturjoghurt oder als besondere Leckerbissen Mehlwürmer (aus dem Zoofachhandel) sein. Übrigens: Auch wenn's schwer fällt, lassen Sie nach der Geburt und in den ersten zwei Lebenswochen die Eltern mit ihrem Nachwuchs möglichst in Ruhe, und vermeiden Sie Lärm. Um während der Zeit, da die Jungen besonders schutzbedürftig sind, das Nest nicht zerstören zu müssen, sollten Sie vor der Geburt noch einmal Großreinemachen. Die nächste Käfigreinigung wird dann erst wieder sechs Wochen nach der Geburt der Jungen fällig. So lange sollten die Kleinen zu ihrer eigenen Sicherheit besser im Käfig bleiben.

Rennmäuse brauchen unbedingt einen Artgenossen, um sich rundum wohl zu fühlen.

Khan auf Abwegen

Sobald Rennmäuse wach sind, kennt ihr Temperament kaum Grenzen. Dschingis und Khan machen da keine Ausnahme. Obwohl die beiden in einem geräumigen Mäuse-Heim leben, gewähre ich ihnen deshalb möglichst oft Freilauf im Zimmer. Haben Dschingis und Khan schließlich genug von Freiheit und Abenteuer, kehren sie von ganz allein in ihren gemütlichen Käfig zurück. Doch eines Abends war alles anders. Bereits seit über einer Stunde hatte Dschingis seinen Ausflug beendet und hockte zufrieden in seinem Käfig. Doch wo war Khan? Systematisch suchte ich alle Winkel im Zimmer ab. Khan blieb verschwunden. Schließlich gab ich die Suche auf. „Wenn Khan Hunger bekommt, findet er schon den Weg zum Futternapf." So beruhigte ich mich. Doch auch am nächsten Morgen entdeckte ich nur Dschingis in seinem Nest, zusammengerollt und in tiefem Schlaf. Ich durchsuchte nochmals gründlich das Zimmer, wieder ohne Ergebnis. Da fiel mir der Papierkorb ins Auge. Den wollte ich eigentlich schon gestern ausleeren. Gedacht, getan! Schwungvoll hob ich den Korb hoch. Plötzlich raschelte es verdächtig, und mit einiger Anstrengung erschien Khan auf dem Papierhaufen. Mein Papierkorb war also das Ziel seines Ausflugs! Das hätte mir auch vorher einfallen können, denn für Rennmäuse ist es überhaut kein Problem, vom Boden weg in einen 30 cm hohen Papierkorb zu springen. Nur mit dem Herauspringen hatte es wohl nicht so geklappt wie geplant.

Sinnesleistungen

<u>Sehen:</u> Rennmäuse können weiter Entferntes besser erkennen als Nahegelegenes. Das räumliche Sehen ist nicht besonders gut ausgeprägt, weil sich die Blickfelder beider Augen nur ganz wenig überschneiden. Gilt es dennoch, eine Entfernung genauer abzuschätzen, um z. B. einen kleinen Graben zu überspringen, bedienen sie sich eines Tricks: Sie richten sich auf, machen »Männchen« und bewegen den Kopf auf und ab. Nahegelegenes bewegt sich im Blickfeld scheinbar mehr als weit Entferntes – was man leicht selbst einmal ausprobieren kann! Weil die dunklen Knopfaugen der »Rennies« so weit hervorstehen, haben die Tiere fast einen Rundumblick. Deshalb kann eine Rennmaus auch einen Feind, z. B. einen Greifvogel am Himmel, frühzeitig ausmachen.

➔ Das tut Ihren Rennmäusen gut: Versuchen Sie niemals, die Tiere von hinten oben zu greifen. Sie hätten das Gefühl, von einem Greifvogel ergriffen zu werden, und bekämen Todesangst. Bereits aufgebautes Vertrauen wäre dann sofort zunichte und nur schwer wieder aufzubauen.

<u>Hören:</u> Während wir Menschen nur bis etwa 20.000 Hertz Schallschwingungen wahrnehmen, können Rennmäuse auch höhere Töne vernehmen. Das Gehör der Rennmaus ist allerdings in verschiedenen Frequenzbereichen unterschiedlich empfindlich. Jungtiere hören am besten um 15.000 Hertz, ältere Tiere um 4.000 Hertz. Gleich ob jung oder alt, Rennmäuse haben, ähnlich wie Wale, auch weite Frequenzbereiche des Ultraschalls zur Hörverfügung. Von Jungtieren weiß man, dass sie mit Ultraschalllauten nach der Mutter rufen.

Neugierige sind immer eine Nasenlänge voraus. Das beherzigen schon die Jungen bei ihren ersten Ausflügen.

→ Das tut Ihren Rennmäusen gut: Sorgen Sie für einen ruhigen Käfigstandort. Schrille Musik, Türenknallen oder andere laute Geräusche versetzen die Tiere in Angst und Schrecken. Riechen: Für die Rennmäuse bildet der ausgeprägte Geruchssinn eine eigene Orientierungswelt im Kopf. Hätten wir ebenso gute Nasen wie sie, könnten wir nicht nur unsere Nahrung noch besser riechen. Wir würden mit verbundenen Augen erkennen, ob uns ein Verwandter begegnet oder jemand Fremdes. Und wir bräuchten in unserer Welt keinen einzigen Zaun, weil wir wie die Rennmäuse gleich erkennen könnten, wo ein fremdes Revier beginnt und endet.

→ Das tut Ihren Rennmäusen gut: Die Tiere erkennen Sie an Ihrem persönlichen Geruch. Wenn Sie die Tiere anfassen, sollten Ihre Hände nicht nach Parfüm, Rasierwasser oder ähnlichen »strengen« Düften riechen.
Spüren: Mit ihren langen Schnurrbarthaaren kann die Rennmaus ertasten, ob ein Schlupfloch ausreichend groß ist oder nicht. Besonders im Dunkeln helfen die Tasthaare bei der Orientierung. Im Hellen sind sie ebenfalls nützlich, weil Rennmäuse in unmittelbarer Nähe weniger gut sehen. Bei Gefahr trommeln die Tiere mit den Hinterläufen auf den Boden – Schwingungen werden erzeugt, die die anderen Rennmäuse wahrnehmen und so vor Gefahr warnen. Auch die Vorderpfoten sind sehr tastempfindlich.

Das wäre geschafft! Nachdem alle Einstreu kurz und klein genagt ist, wird sich erst einmal wieder geputzt und das Fell in Ordnung gebracht.

→ Das tut Ihren Rennmäusen gut: Achten Sie darauf, dass der Käfig völlig erschütterungsfrei steht.

Typische Verhaltensweisen

Sich balgen: Wann immer Rennmäuse sich unterwegs treffen, beschnuppern sie sich. So erkennen sich Clanmitglieder. Fremde Rennmäuse werden gebissen und in die Flucht geschlagen. Bei Mitgliedern der Sippe beobachten Sie ein anderes Verhalten: Wenn die Tiere dazu aufgelegt sind, betrommeln sie sich mit den Vorderpfoten, und oftmals entwickelt sich daraus eine Balgerei. Besonders Jungtiere erproben so spielerisch das Kräftemessen. Bei unterlegenen Tieren sieht man, wie sie den Kopf auf den Boden legen, und zwar unter den der anderen Rennmaus. Dieses Verhalten nennt man Demutsgebärde.

Flitzen: Oft streunen die Rennmäuse durch alle Käfigecken, dann wieder rennen und tollen sie durch den gesamten Käfig. Daher sollte der Käfig großzügig bemessen sein. Übrigens: bei einem Auslauf in der Wohnung macht das Flitzen am meisten Spaß!

Aus Verstecken hervorpreschen: Es ist typisch für Rennmäuse, aus Verstecken hervorzupreschen, um gleich darauf wieder darin zu verschwinden. Dieses trainierte Fluchtverhalten ist in der Natur überlebenswichtig. Außerdem lernt das Tier so, sich seine Umgebung einzuprägen. Die Rennmaus bildet in ihrem Gehirn eine »virtuelle Landkarte« aus. So weiß sie in ihrem Revier immer genau, wo sie sich im Verhältnis zu ihrem Bau befindet.

TIPP vom TIERARZT

Nagen Ihre Rennmäuse häufig am Käfiggitter? Dieses Verhalten kann ein Zeichen von Langeweile sein. Gestalten Sie das Käfiginnere für die Rennmäuse interessanter, und sorgen Sie für reichlich Nagematerial, damit die Tiere möglichst vielseitig beschäftigt sind.

Männchen machen: Dabei richten sich die Rennmäuse auf den Hinterpfoten auf und beobachten aufmerksam sichernd ihre Umgebung. Der Schwanz ist da übrigens als weitere Stütze ganz hilfreich. Manchmal bewegen sie den Kopf auch ruckartig auf und ab. Rennmäuse haben einen hervorragenden Orientierungssinn, und mit dem Betrachten der Gegend aus unterschiedlichen Perspektiven bekommen die Tiere einen räumlichen Eindruck des Geländes.

Markierungen absetzen: Wenn die Rennmausmännchen ihren Bauch auf den Boden pressen oder an Ecken und Kanten reiben, markieren sie ihr Revier. Drehen Sie das Tier einmal auf den Rücken, wenn Sie es halten. Die Duftdrüse ist dann leicht am Bauch zu erkennen.

Scharren: Das Scharren in der Einstreu macht den Tieren nicht nur Spaß. Auf diese Weise finden sie geeignetes Nistmaterial und Futter, zum Beispiel Körner und auch Insekten.

Mit Hilfe der Pfoten fressen: Ähnlich den Eichhörnchen kann man bei den Rennies sehen, wie sie Körner mit den Vorderpfoten geschickt unter den scharfen Nagezähnen drehen, die Hülsen wegwerfen und die Kerne gierig verspeisen.

Nagen: Dies ist die größte Leidenschaft von Rennmäusen. Umso wichtiger, dass immer genügend Nagematerialien vorhanden sind. Und als wäre einmal zernagen nicht genug, die Knabbermäuler zerkleinern die Spreißeln in einem zweiten oder sogar dritten Durchgang immer feinfaseriger. Vieles davon landet letztlich als flauschiges Flöckchen im Nest.

Nest bauen: Hier ist Teamwork angesagt. Wenn es nur um Ausbesserungsarbeiten geht, arbeitet jede Rennmaus vor sich hin, wie es ihr gerade gefällt. Anders ist es, wenn das alte Nest nach dem Reinigen fehlt und ein Neubau ansteht. Dann ist meist der ganze Clan der Erwachsenen zur Stelle und schleppt an, was weich und wärmend ist. Andere sind dann schon damit beschäftigt, die Nestmulde durch Scharren und Drehen im Nest auszubauen.

Im Nest schlafen: Der Schlaf- und Wachzyklus der Tiere wechselt im Zwei- bis Vierstundentakt. Es schlafen nicht immer alle Tiere gleichzeitig. Je nach Wärmebedarf wird während des Schlafens die Nestmulde offen oder geschlossen gehalten, also mit Niststreu abgedeckt.

Mit einer solchen Sisalkugel läßt sich's prima spielen. Ein Schlafnest bauen sich Rennmäuse aber viel lieber aus weichem Material.

Wie gut kennen Sie Ihre Rennmäuse?

Die vielfältigen natürlichen Verhaltensweisen der Rennmäuse sind am besten zu beobachten, wenn Sie die Tiere artgerecht halten und richtig pflegen. Testen Sie hier doch einfach einmal, ob Sie Ihre kleinen Nager wirklich schon gut genug kennen:

		JA	NEIN
1	Sind Rennmäuse Einzelgänger?	◯	◯
2	Haben Rennmäuse einen Wach- und Schlafrhythmus?	◯	◯
3	Vermehren sich die Nager nur einmal in ihrem Leben?	◯	◯
4	Sind ungiftige Zweige geeignetes Nagematerial?	◯	◯
5	Ist der Auslauf außerhalb des Käfigs für Rennmäuse wichtig?	◯	◯
6	Haben Rennmäuse einen guten Geruchssinn?	◯	◯
7	Darf der Käfig sehr klein sein?	◯	◯
8	Sind die dichten Wälder der Mongolei die Heimat der Rennmäuse?	◯	◯
9	Gehören Sonnenblumenkerne zur täglichen Mahlzeit Ihrer Rennmäuse?	◯	◯
10	Baden Rennmäuse gern in Sand?	◯	◯
11	Sollte man eine Rennmaus am Schwanz hochheben?	◯	◯
12	Kümmert sich nur die Mutter um den Nachwuchs?	◯	◯

Auflösung: 1 = Nein; 2 = Ja; 3 = Nein; 4 = Ja; 5 = Ja; 6 = Ja; 7 = Nein; 8 = Nein; 9 = Nein; 10 = Ja; 11 = Nein; 12 = Nein.

Vertrauen

Schon lange hat Claudia das Vertrauen ihrer drei Rennmäuse
Karli, Piet und Charli gewonnen. Die drei klettern ohne weiteres
auf Claudias Hand und lassen sich genussvoll von ihr kraulen.
Wichtig dabei ist vor allem, dass Rennmäuse niemals eine
schlechte Erfahrung mit »ihrem« Menschen machen. Enttäuschtes
Vertrauen macht die kleinen Nager ängstlich und scheu.

schaffen
von Anfang an

love it

So empfindet eine Rennmaus

Natürlich ist es schwierig, als Mensch zu beurteilen, wie und was eine Rennmaus fühlt. Niemand kann in das Tier hineinschauen. Dennoch sind Aussagen über ihr Empfinden möglich, wenn man ihr natürliches Verhalten kennt und über ihre Sinnesleistungen Bescheid weiß. Selbstsichere Rennmäuse verhalten sich wachsam, aber unbekümmert. Sie gehen ihrer Futtersuche nach, bauen ihre Nester und zeigen in der Sippe eine außerordentliche Lebhaftigkeit. Ändert sich aber zuviel auf einmal für sie, etwa wenn sie z. B. den Besitzer wechseln und in eine für sie fremde Umgebung gesetzt werden, zeigen sie sich oft recht verunsichert. Dann verschwinden sie zunächst einmal in einem Versteck und warten ab. In solchen Stress-Situationen sind Rennmäuse zumindest vorsichtig oder sogar ängstlich.

Doch Rennmäuse haben ein sehr ausgeprägtes Gehör, verfügen über ein Gesichtsfeld, das nahe-

zu einen Rundumblick nach allen Seiten zulässt, und sie haben eine feine Nase (→ Seite 22). Mit Hilfe dieser Sinne, die die Rennmaus verlässlich warnen, wenn etwas nicht stimmt, überwinden die Tiere bald ihre Vorsicht oder Angst. Sie gewinnen vergleichsweise sehr schnell so etwas wie ihr Selbstvertrauen zurück und stellen sich der neuen Situation. Man darf also annehmen, dass Rennmäuse durchaus Gefühle des Abwartens, des Unwohlseins, der Furcht empfinden können. Aber ihre Fähigkeiten helfen ihnen zugleich, mit außergewöhnlichen Situationen klarzukommen und schon bald wieder ein aktives Alltagsleben zu führen.

Gemeinsam stark

Es ist gar nicht so einfach für eine Rennmaus zu verstehen, was mit ihr passiert, wenn sie vom Zoofachgeschäft in ihr neues Zuhause gebracht wird und sich dann in einer unbekannten Umgebung wiederfindet. Gut, wenn sich dann im neuen Rennmausheim eine Gelegenheit zum Verstecken findet. Weil die eine ja die andere Rennmaus im Idealfall kennt, können sich die beiden gegenseitig Trost spenden. Nach vergleichsweise kurzer Zeit siegt jedoch die Neugierde und zumindest die Nasenspitzen der beiden werden aus dem Versteck heraus sichtbar. Schließlich trauen sie sich völlig auf das unbekannte Terrain, um Stück für Stück alles zu erkunden – nicht ohne zwischendurch schnell noch einmal zur Sicherheit im Versteck zu verschwinden. Weil ein eigenes Nest Geborgenheit vermittelt, bieten Sie den Tieren mit Heu und Tissues sowie Pappe, die sie zernagen dürfen, das erste Baumaterial fürs eigene Zuhause an. Es ist zwar besonders verführerisch, die neuen Mitbewohner in Ihrem Haushalt gerade in der ersten Zeit so häufig und so oft wie möglich zu beobachten und anzufassen. Doch damit tun Sie weder den Tieren noch sich einen Gefallen. In den ersten zwei, drei Tagen sollten Sie die Rennmäuse in Ruhe lassen und lediglich für Futter und Wasser im Käfig sorgen. Die Zurückhaltung gegenüber den Tieren hilft, die Rennmäuse in eine positive Stimmung zu versetzen. Dies ist wichtig, damit die kleinen Nager schnell zutraulich werden. In der Regel sind Rennmäuse so lebhaft, dass sie sich bereits nach wenigen Tagen eingewöhnt haben und sich Ihnen gegenüber sehr aufgeschlossen und neugierig verhalten.

Kinder und Rennmäuse

Für Kinder sind Rennmäuse phantastische Heimtiere! Rennmäuse sehen nicht nur possierlich aus und verleiten durch ihr neugieriges und lebhaftes Wesen dazu, sich immer wieder mit ihnen zu beschäftigen. Sie sind auch –

Wunschzettel der Rennmaus

Das mag sie:

1. Mindestens einen Artgenossen, mit dem sie sich versteht.

2. Heu, Holzbrettchen, ungiftige Zweige, Pappen und Tissues zum Zernagen.

3. Einen Käfig mit Etagen oder ein Käfigverbundsystem.

4. Ein flaches Keramikschälchen mit Sand zum Baden.

5. Nistmaterial zum Auspolstern des Nestes und genügend Einstreu zum Buddeln.

6. Den wöchentlichen Auslauf.

7. Einen ungestörten Wach- und Schlafrhythmus von 2 bis 4 Stunden.

8. Hin und wieder einen Mehlwurm oder Kürbiskern als Leckerbissen.

Das mag sie nicht:

1. Einen Käfig, in dem nichts los ist.

2. Allein zu leben. Rennmäuse brauchen unbedingt wenigstens einen Artgenossen.

3. Am Schwanz gezogen zu werden, weil der abreißt!

4. Zudringlichkeit durch den Pfleger bzw. die Pflegerin.

5. Feuchte Einstreu und zu hohe Luftfeuchtigkeit.

6. Wenn ihr verwobenes Nest zu oft bei der Reinigung des Käfigs zerstört wird.

7. Belästigung durch Lärm und üble Gerüche.

8. Nach nur kurzem Auslauf in den Käfig zurückgesetzt zu werden.

im Gegensatz zu beispielsweise dem Hamster – tagsüber häufig wach und aktiv. Rennmäuse leiten Kinder in vielerlei Hinsicht zu eigenen Beobachtungen und Entdeckungen an. Deswegen werden sie sogar in Schulen zu Unterrichtszwecken gehalten. Ein besonders wichtiger Aspekt für die Haltung von Rennmäusen bzw. Tieren allgemein ist, dass ein Kind frühzeitig lernt, Verantwortung für ein Lebewesen zu übernehmen. Wichtig ist natürlich dabei, dass Sie, als Eltern, Ihr Kind zur richtigen Pflege und zum richtigen Umgang mit den Tieren anleiten. Eine Rennmaus hat einen zarten Körperbau, und

Kinder nehmen den niedlichen Nager gern in die Hand. Doch ein Sturz aus geringer Höhe kann die Rennmaus bereits das Leben kosten. Zeigen Sie Ihrem Kind, wie man das Tier richtig hält (→ Seite 17). Übrigens ist es besser, den Rennmauskäfig nicht im Kinderzimmer aufzustellen. Rennmäuse scharren auch nachts in der Einstreu und balgen sich untereinander. Das kann die Nachtruhe des Kindes ebenso stören wie etwa ein quietschendes Laufrad. Nicht zu vergessen, dass die Rennmäuse während ihres nächtlichen Treibens Staub aufwirbeln, den das Kind einatmen würde.

Je vielseitiger das Freizeitangebot für die quirligen Flitzer ist, desto wohler fühlen sie sich.

Der Tulpenstrauß

Seine Vorwitzigkeit hat Dschingis schon manchmal in heikle Situationen gebracht. So zum Beispiel gestern. Eigentlich gibt es so gut wie keine Gefahrenquellen für meine Rennmäuse, wenn sie im Zimmer umhertollen. Alle Elektrokabel sind gesichert, Fenster und Türen bleiben geschlossen, Zimmerpflanzen stehen unerreichbar und ich bewege mich sehr vorsichtig, damit ich meine Lieblinge nicht aus Versehen verletze. Doch etwas hatte ich diesmal vergessen – den wunderschönen Tulpenstrauß, den ich auf den Boden gestellt hatte, weil ich eine neue Tischdecke auflegen wollte. Während ich am Wäscheschrank hantierte, vergnügte sich Dschingis mit den Tulpen. Als ich es bemerkte, war er gerade dabei, eine weitere Blüte zu verspeisen. Würde ihm dieses „Futter" schaden? Leider ist noch relativ wenig erforscht, welche Auswirkung der Genuß von Zimmerpflanzen oder Blumen bei solch kleinen Tieren hat. Eilig nahm ich Dschingis auf meine Hand. Widerstandslos ließ er sich von mir in den Käfig setzen. Hier verbrachte er die nächsten Stunden ungewöhnlich still, gesundheitlich sichtlich angeschlagen. Khan stand seinem Bruder in der Not bei. Immer wieder „besuchte" er Dschingis und schmiegte sein Köpfchen dicht an dessen Kopf, so als wolle er sagen: „Wird schon alles wieder gut." Dschingis erholte sich langsam, aber stetig. Offenbar hatte er sich nur den Magen verdorben. Am nächsten Tag war er jedenfalls schon wieder bereit für neue Abenteuer.

Vertrauen aufbauen Schritt für Schritt

Wahrscheinlich wirken wir Menschen auf eine Rennmaus ähnlich wie ein Riese, dem sich das kleine Tier hilflos ausgeliefert fühlt. Der »Riese« kann es ergreifen, aus dem Käfig holen; dorthin bringen, wo es sich nicht auskennt und nicht weiß, welche Sippe es dort erwartet. Zugleich bringt er Futter und Wasser, den Sand zum Baden, Nagematerial – und damit eine Menge angenehmer Dinge. Es ist also gar nicht so unverständlich, wenn die Rennmäuse dem Menschen gegenüber anfangs reserviert und buchstäblich beobachtend entgegentreten. Für sie ist es überlebenswichtig, sich nicht sofort unbefangen gegenüber Unbekanntem zu verhalten. Aber Sie werden dennoch nicht allzu lange scheu beäugt und argwöhnisch abgelehnt. Dazu sind Rennmäuse viel zu neugierig! Vielmehr werden Ihre »Rennies«, getrieben durch ihren Erkundungsdrang, die Nähe zu Ihnen suchen. Doch Rennmäuse haben, ähnlich wie Katzen, durchaus so etwas wie »einen eigenen Kopf«. Etwa auf Zuruf kommen sie nicht herbeigelaufen. Dennoch werden sie sehr zutraulich, wenn Sie sich das Vertrauen mit Umsicht Schritt für Schritt erwerben.

Hier stimmt die Partnerschaft. Mensch und Tier sind gute Freunde geworden.

1 Positive Stimmung erzeugen

Bevor sich Ihre Rennmäuse an Sie gewöhnen, müssen sie mit ihrer Umgebung vertraut werden. Der Käfig, der Käfigstandort, das Nahrungsangebot und die Beschäftigungsmöglichkeiten sind wichtige Voraussetzungen dafür, dass die Tiere sich wohl fühlen und unbekümmert ihrem Leben zu zweit oder in der Sippe nachgehen können. Unruhe, Belästigungen oder sogar bewusstes Ärgern der Tiere stört die Stimmung!

2 Routine schafft Vertrauen

Die Skepsis, mit der eine Rennmaus Ihnen anfangs begegnet, ist sicher nicht ganz unbegründet. Woher soll sie wissen, dass Sie es gut mit ihr meinen? Gewöhnen Sie die Tiere deshalb von Anfang an an feste Zeiten, in denen Sie auftauchen. Kündigen Sie sich z. B. durch ein immer gleiches Geräusch, etwa Pfeifen, an. Lassen Sie die Tiere an Ihrer Hand schnuppern, damit sie Ihren persönlichen Geruch kennen lernen.

3 Die vertraute Hand

Bestärken Sie Ihre Rennmäuse darin, dass von Ihrer Hand nur Gutes ausgeht. Füttern Sie z. B. Leckerbissen wie Mehlwürmer immer aus der Hand. Kraulen Sie die Rennmaus sanft mit einem Finger. Legen Sie einige Sonnenblumenkerne auf die Handwurzel, so dass das Tier auf Ihre Hand klettern muß, um an den Leckerbissen zu gelangen. Ihre Hand muß für die Rennmäuse etwas Selbstverständliches werden.

Freilauf im Zimmer

Rennmäuse sind geradezu begeistert, wenn man ihnen Freilauf im Zimmer gewährt. Endlich können sie nach Herzenslust flitzen, sich gegenseitig scheuchen und fangen. Die Bewegung auf großer Fläche fördert aber nicht nur Kreislauf, Skelett und Muskulatur. Auch das besonders leistungsfähig ausgebildete Orientierungsvermögen der Rennmäuse wird in dieser Situation speziell gefördert. Sie sehen, der Auslauf ist ein Fitnessprogramm für Ihre Rennmäuse, das ihnen körperlich und geistig gut tut. Deswegen sollte man ihnen dieses Vergnügen einmal wöchentlich gönnen. Sie selbst haben natürlich auch einiges davon: Sie erleben, wie Ihre »Rennies« einmal so richtig aus sich herausgehen. Einfangen sollten Sie die Tiere mit einer Pappröhre (z. B. Posterversandröhre), in die Sie sie hineinkrabbeln lassen. Sie können aber auch den Käfig mit erreichbar geöffneter Käfigtür auf den Boden stellen. Oftmals klettern Rennmäuse ganz von allein wieder dorthin zurück.

Beim Auslauf kann man sich herrlich austoben. Nichts bleibt unbeschnuppert, unbeklettert, unentdeckt …

4 Freilauf im Zimmer

Bis sich die Rennmäuse an Ihre Hand gewöhnt haben, dauert es natürlich einige Zeit. Erst dann sollten Sie ihnen Freilauf im Zimmer gewähren. Setzen oder legen Sie sich ebenfalls auf den Boden, und sprechen Sie leise mit den Tieren. Vielleicht sind sie schon so handzahm, dass sie sich von Ihnen kraulen lassen.

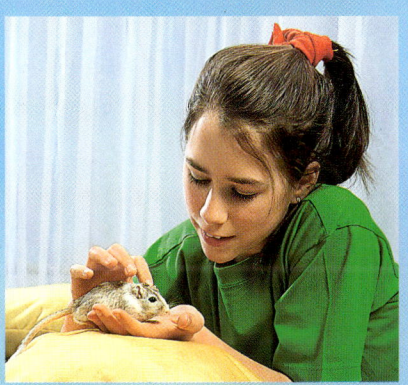

5 Vertrauen festigen

Beschäftigen Sie sich intensiv mit den Rennmäusen, wenn sie Freilauf im Zimmer haben. Das fördert das Vertrauen zu Ihnen ungemein. Locken Sie die kleinen Nager mit Leckerbissen. Lassen Sie sie an Ihnen hochkrabbeln oder auf Ihre Hände klettern. So werden die »Rennies« bald völlig die Scheu vor Ihnen verlieren.

6 Vertrauen nie enttäuschen

Auch eine Rennmaus vergisst nicht, wenn ihr Vertrauen von »ihrem« Menschen enttäuscht wird. Was immer Sie mit Ihren Rennmäusen tun, nie dürfen die Tiere das Gefühl haben: »Jetzt bin ich doch in Gefahr.« Fangen Sie Ihre Rennmäuse also beispielsweise besser mit einer Röhre aus Pappe als mit der Hand ein.

Andere Heimtiere

So gesellig Rennmäuse in ihrem eigenen Clan sind und sogar unbedingt Artgenossen brauchen: Nicht mit allen Tieren vertragen sie sich gleich gut. Selbst sich fremde Rennmäuse aneinander zu gewöhnen ist schwierig (→ Seite 17). Sogar innerhalb einer Sippe kann es Ihnen passieren, dass unter den Tieren nach einiger Zeit völlig unerwartet Beißereien auftreten.

Bleibt es dabei, müssen Sie sogar die ursprünglich miteinander vertrauten Rennmäuse voneinander trennen. Noch problematischer kann es werden, wenn unterschiedliche Tierarten zusammentreffen. Für eine Katze z. B. ist die Rennmaus ein begehrenswertes Beutetier. Ich persönlich rate Ihnen deshalb davon ab, Rennmäuse und andere Heimtiere zusammen zu halten.

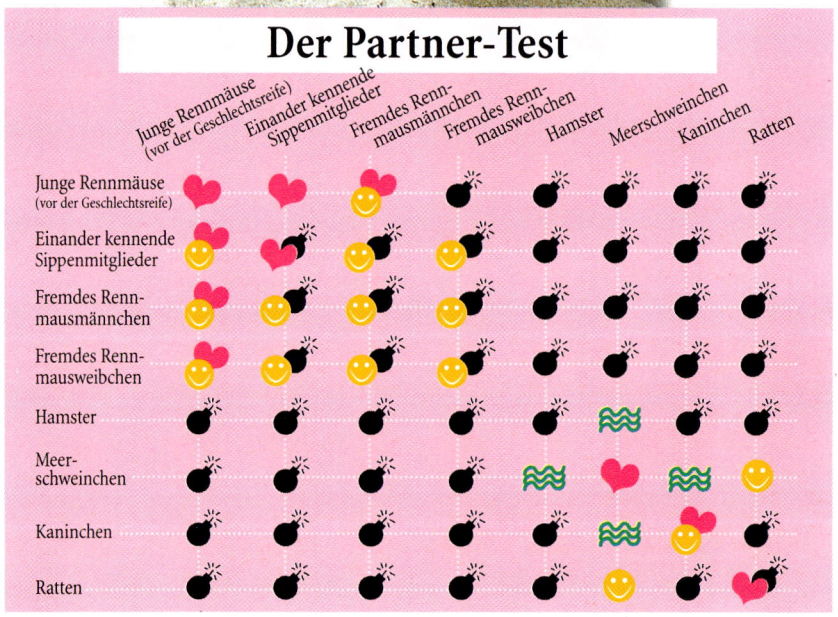

Der Partner-Test

	Junge Rennmäuse (vor der Geschlechtsreife)	Einander kennende Sippenmitglieder	Fremdes Rennmausmännchen	Fremdes Rennmausweibchen	Hamster	Meerschweinchen	Kaninchen	Ratten
Junge Rennmäuse (vor der Geschlechtsreife)	❤	❤	🙂	💣	💣	💣	💣	💣
Einander kennende Sippenmitglieder	🙂❤	💣	💣	🙂	💣	💣	💣	💣
Fremdes Rennmausmännchen	🙂	🙂	💣	💣	💣	💣	💣	💣
Fremdes Rennmausweibchen	🙂	🙂	🙂	💣	💣	💣	💣	💣
Hamster	💣	💣	💣	💣		〰	〰	💣
Meerschweinchen	💣	💣	💣	💣	〰	❤	〰	🙂
Kaninchen	💣	💣	💣	💣	💣	〰	🙂❤	💣
Ratten	💣	💣	💣	💣	💣	🙂	💣	❤

 ❤ Vertragen sich bestens 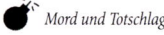 💣 Mord und Totschlag 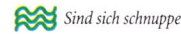 〰 Sind sich schnuppe 🙂 Aneinander gewöhnen

Ein Duft zum Vergessen

Am späten Nachmittag verbringe ich regelmäßig eine gemeinsame Spielstunde mit meinen Rennmäusen. Ich setze mich zu ihnen auf den Boden und lasse mich als Klettergerät „mißbrauchen". Es ist immer wieder lustig zu beobachten, wie unterschiedlich Dschingis und Khan sich verhalten. Während sich Khan vorsichtig, ein Füßchen vor das andere setzend, an mich herantastet und erst einmal ausgiebig meine Hände beschnuppert, kommt Dschingis ohne Vorbehalte auf mich zu gesprungen. Doch vor kurzem waren beide äußerst irritiert. Ich hatte ein neues Parfüm gekauft und mich damit eingesprüht. Auch meine Hände rochen nach dem für mich geradezu verführerischen Duft. Aber meinen Rennmäusen gefiel die Duftnote absolut nicht. Sie erkannten mich plötzlich nicht mehr, denn der Geruch überdeckte meine „persönliche Note". Erschreckt und, wie mir schien, ein wenig angewidert flüchteten sie unter den Schrank. Nicht einmal mit ein paar leckeren Sonnenblumenkernen ließen sie sich erweichen, ihr Versteck zu verlassen. Was blieb mir also übrig? Ich nahm eine ausgiebige Dusche und entfernte mit Bedauern den für mich wunderbaren Duft. Erst dann durfte ich mich wieder meinen „Rennies" nähern und wurde freudig von ihnen begrüßt.

5 Im Korb
Hier ist Vorsicht geboten: Khan könnte auf Nimmerwiedersehen im Korb verschwinden.

6 Die Stärkung
Auslauf macht Spaß – aber auch Appetit. Da kommen die Leckerbissen gerade rechtzeitig.

Gefahren-quellen

➜ Glatte Böden (z. B. Fliesen, Parkett) erschweren das Laufen und Abbremsen.

➜ Alles, in das die Tiere hineinklettern oder hineinfallen könnten, ohne von allein wieder herauszukommen.

➜ Nie während des Auslaufs Möbel rücken! Die Rennmäuse könnten zerquetscht werden.

➜ Elektrokabel, Langhaarteppiche, Plüschtiere – alles wird benagt. Stromführende Kabel verursachen tödliche Stromschläge!

➜ Zimmerpflanzen für die Tiere unerreichbar aufstellen.

➜ Entweichen durch offene und gekippte Fenster.

➜ Türen während des Auslaufs vorsichtig öffnen!

➜ Achten Sie darauf, dass Sie kein Tier durch unachtsame Schritte verletzen.

Im Schuh **1**

Dschingis und Khan nutzen den Schuh mit Vorliebe zum Verstecken.

4 Auf dem Buch

Erst wird das Buch entdeckt, dann beschnuppert und schließlich in kleine Späne zernagt.

2 Unter dem Kissen

Bevor hier ein paar Krümel unentdeckt bleiben, schaut Khan lieber selber nach.

3

Im Korbsessel

Khan ist ein wahrer Kletterkünstler. Den Korbsessel zu erklimmen war für ihn eine eher leichte Übung.

Spiel und Spaß

Die neugierigen und quirligen Rennmäuse wollen immer beschäftigt sein. Langeweile darf bei ihnen gar nicht erst aufkommen. Zahme Rennmäuse genießen es, mit »ihrem« Menschen zu spielen, von ihm gekrault zu werden oder auf ihm herumzukrabbeln. Der intensive Kontakt fördert die Bindung der kleinen Nager zum Menschen ungemein.

mit Rennmäusen

have fun

2 Holzwippe

Die Wippe ist nicht nur zum Klettern da. Sie trainiert zugleich auch den Gleichgewichtssinn.

3 Sisalkugel

Etwas zum Hineinkriechen finden die Rennies toll. Sie tummeln sich auch gern zu zweit oder mehreren darin.

Spiellandschaft gestalten

Gestalten Sie Ihren Rennmäusen einen Abenteuerspielplatz, und beobachten Sie ihre faszinierenden
Verhaltensweisen.

1 **Versteck**

Auch beim Spielen ist es
wichtig, ein sicheres
Versteck in der Nähe zu
haben, in das man sich
bei Gefahr sofort flüch-
ten kann.

Abenteuer-spielplatz für Rennmäuse

Sicher haben Sie es selbst schon in kürzester Zeit bei Ihren Rennmäusen erlebt: Sie sind gern auf Achse, unheimlich neugierig und haben außerordentlich wache Sinne. Sie zeigen ihre faszinierenden Verhaltensweisen allerdings nur dann, wenn sie andere Rennmäuse um sich haben, Gelegenheit zum Streunen oder Flitzen bekommen und immer etwas Interessantes zum Erkunden und Benagen finden. Grund genug, ihnen verschiedene kombinierte »Abenteuermöglichkeiten« anzubieten. Übrigens ist das Spielen beim Auslauf gleich doppelt nützlich: Die Bewegung trainiert einerseits die körperliche Leistungsfähigkeit der Tiere, andererseits schärft die Vielseitigkeit der Abwechslung die Sinnesleistungen der agilen Nager.

Klettern und Nagen sind zwei der Lieblingsbeschäftigungen von Rennmäusen. Die Kletterwand bringt Oberspaß.

Welcher Spieltyp ist meine Rennmaus?

Auch zwischen den einzelnen Rennmäusen gibt es so etwas wie »persönliche Unterschiede«. Zwei Typen sind in jedem Fall erkennbar. Rennmäuse vom Typ I sind lebhaft, besonders neugierig und erkennbar lernfähiger. Rennmäuse vom Typ II dagegen gehören eher zu den alltagsroutinierten Gewohnheitstieren.

	JA	NEIN
1 Alles Neue im Käfig wird ausgiebig untersucht.	○	○
2 Beim Auslauf kommt der »Angsthase« nie aus seinem Versteck.	○	○
3 Etwas Ergattertes wird auch verteidigt.	○	○
4 Die Rennmaus traut sich nicht, von einem Gegenstand ein paar Zentimeter hinunterzuspringen. Sie klettert bis zum letzten Millimeter hinab.	○	○
5 Wenn alle Rennmäuse schlafen, ist dieses Tier beim Wecken meistens das erste, das aus dem Nest krabbelt.	○	○
6 Die Rennmaus geht erkennbar häufiger auf Artgenossen zu als andere.	○	○
7 Das Muttertier verliert von Wurf zu Wurf ihre Wachsamkeit.	○	○
8 Die Rennmaus hat Ihre Hand in ihrer Umgebung relativ schnell akzeptiert.	○	○
9 Im Spiel mit Artgenossen ist es immer das unterlegene Tier.	○	○
10 Schlafen und fressen sind mehr ihr Ding als stundenlange Selbstbeschäftigung.	○	○

Auflösung: Ihre Rennmaus gehört zu Typ I, wenn Sie die Fragen 1, 3, 5, 6 und 8 mit Ja beantwortet haben. Sie gehört zu Typ II, wenn Sie die Fragen 2, 4, 7, 9 und 10 bejaht haben.

6 Papprollen

Eine Weile finden die Rennies das Hineinkriechen spannend. Aber schon bald ist das
Kurz-und-klein-Nagen interessanter.

7 Holzleiter

Ein Leiterchen kann helfen, nach
dem Spielen an die offene Käfigtür
zu gelangen, wenn es nicht zuvor
zernagt wird ...

5

Kletterholz

Auch dieses Klettergerät aus dem Zoofachhandel nutzen Rennmäuse gern für ausgiebige »Bergtouren«.

4 Fitness-Parcours

Spielen mit allem, was das Rennmausherz höher schlagen lässt – nicht nur wegen der sportlichen Anstrengung. Die neugierigen Nager mögen es abwechslungsreich: Sand zum Buddeln und Baden, Möglichkeiten zum Klettern, Knabbern, Nagen und Verstecken.

Spielen – ein natürliches Verhalten

Beobachten Sie einmal aufmerksam, wie vielfältig die natürlichen, angeborenen oder erworbenen, durch die Situation ausgelösten Verhaltensweisen sind, die uns Rennmäuse zeigen. Nicht selten steckt dahinter ein sehr sinnvolles Handeln, um in freier Wildbahn überleben zu können. Spielerisches Balgen trainiert so ganz nebenbei die jungen Rennmäuse, sich später auch gegen Rivalen wirksam verteidigen zu kön-

nen. Scharren dient der Nahrungssuche und wirft mit dem Sammeln von Nistmaterialien Behagliches für das Nest ab. Soziale Fellpflege bildet den nötigen Gruppenzusammenhalt. Und das ist bei weitem nicht alles. Die Liste ließe sich noch beliebig verlängern. Die außerordentliche Lebhaftigkeit der Tiere verlangt deshalb nach einem ausreichend großen Käfig mit reichhaltiger Ausstattung – bei der Sie durchaus auch mit geeigneten eigenen Beschäftigungsideen experimentieren sollten! Besonders innerhalb des großen Käfigs ist geeignete »Spielausstattung« wichtig, zu der Sie der Zoofachhandel berät. Außerhalb des Käfigs, so zeigt die Erfahrung, werden die Rennmäuse während ihres Auslaufs so viel zu erkunden haben, dass ein »Abenteuerspielplatz« besser dazu geeignet sein wird, Bewegungsmangel und Langeweile in den »eigenen vier Wänden« abzustellen. Apropos Käfig: Rennmäuse mögen es, verschiedene Tätigkeiten an verschiedenen Orten zu erledigen – ähnlich der Art, wie wir unsere Wohnungen unterteilen.

Auf solch einem Abenteuerspielplatz können die Rennmäuse all ihre Fähigkeiten unter Beweis stellen.

Der Wohlfühl-Test für Ihren Liebling

Wie viele unterschiedliche Nagematerialien bekommen Ihre Rennmäuse?	⚪ Gar keine *0 Punkte*	⚪ Heu oder Stroh *1 Punkt*	⚪ Holz, Pappe, Tissue *2 Punkte*
Wie oft gewähren Sie Ihren Rennmäusen Auslauf außerhalb des Käfigs?	⚪ Nie *0 Punkte*	⚪ Monatlich *1 Punkt*	⚪ Mindestens wöchentlich *2 Punkte*
Gehören reichlich Sonnenblumenkerne zum täglichen Futterangebot?	⚪ Ja *0 Punkte*	⚪ Nein *1 Punkt*	
Wie viele »Kumpels« hat Ihre Rennmaus?	⚪ Keinen *0 Punkte*	⚪ Einen *2 Punkte*	⚪ Mehrere *2 Punkte*
Wie sieht das Fell der Tiere aus?	⚪ Dicht, glänzend *1 Punkt*	⚪ Struppig-fransig, wie angefeuchtet *0 Punkte*	
Wie oft füttern Sie tierische Eiweißkost (z. B. Mehlwürmer)?	⚪ Nie *0 Punkte*	⚪ Gelegentlich *1 Punkt*	⚪ Häufig *0 Punkte*
Haben die Rennmäuse Gelegenheit zum Sandbaden?	⚪ Ja *1 Punkt*	⚪ Nein *0 Punkte*	
Steht der Käfig an einem hellen, trocken-warmen Platz?	⚪ Ja *1 Punkt*	⚪ Nein *0 Punkte*	
Wie oft wird der Käfig gereinigt?	⚪ Wöchentlich *2 Punkte*	⚪ Monatlich *1 Punkt*	⚪ Vierteljährlich *0 Punkte*
Beobachten Sie Ihre Rennmäuse, um sie besser kennen zu lernen?	⚪ Gelegentlich *0 Punkte*	⚪ Täglich *1 Punkt*	⚪ Nie *0 Punkte*

0 – 5 Punkte: Sie müssen sich ernstlich Sorgen um das Wohlergehen Ihrer Rennmäuse machen; 6 – 11 Punkte: Sie tun schon sehr viel für Ihre Tiere, prima! Wenn es Ihnen gelingt, Ihre Rennmäuse noch besser kennen zu lernen, werden sie sich in Zukunft in Ihrer Obhut noch wohler fühlen; 12 – 14 Punkte: Man merkt, wie sehr Ihnen die Rennmäuse am Herzen liegen! Weiter so!

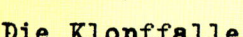

Die Klopffalle

Die Rennmaus-Sprache zu kennen kann sich als sehr hilfreich erweisen. Wenn Rennmäuse erschrecken und Gefahr wittern, trommeln sie mit den Hinterpfoten auf die Erde, um die anderen im Rennmausclan zu warnen. Dieses Verhalten machte ich mir zu Nutze, um meinen beiden „Rennies" Einhalt zu gebieten. Mein Wollteppich hat es Dschingis und Khan besonders angetan. Sobald ich nicht aufpasse, nagen sie hingebungsvoll an dem hübschen Stück. Die Wolle scheint von besonderer Qualität zu sein und gerade recht für die weiche Auspolsterung ihres Nestes. Dass mir das gar nicht gefällt, interessiert die beiden herzlich wenig. Also musste ich mir etwas einfallen lassen, um die beiden davon abzuhalten. Ich übte kurzerhand den Klopfrhythmus der Rennmäuse bei Gefahr zunächst einmal im stillen Kämmerlein. Dann ging's zur Generalprobe. Mitten in ihrem zerstörerischen Werk erklang mein Klopfzeichen. Sofort unterbrachen Dschingis und Khan ihre Arbeit. Sie richteten sich auf und prüften witternd die Umgebung. Da kam mir auch noch der Zufall zur Hilfe. Das gekochte Ei, das ich auf den Tisch gelegt hatte, setzte sich ganz von allein in Bewegung und landete mit einem dumpfen Schlag direkt neben Dschingis und Khan. Ich konnte gar nicht so schnell schauen, wie meine Rennmäuse in ihren sicheren Käfig flitzten.

Deswegen ist es für die Tiere schon ein »kleines Abenteuer«, im Käfig von Ebene zu Ebene wechseln zu können. Oder gar von Käfig zu Käfig, wenn Sie davon zwei oder drei mit Überlaufröhren zu einer Käfiganlage verbinden.

Auslauf »de luxe«

Machen Sie den Auslauf im Zimmer für Ihre Rennmäuse zum Abenteuer. Im Haushalt finden sich leicht ein paar passende Beschäftigungsgegenstände. Ein Stück hartgewordenes Brot, ein Salatblatt oder Apfelreste werden gern ausgiebig benagt. Papprollen aller Art werden zum Durchschlüpfen und zum Benagen angenommen. Auch saubere Eierkartons sind toll zum Zernagen. Auf die Schnelle tut's auch eine Handvoll zerknülltes Papier von der Küchenrolle. Wer aus Verpackungen noch Holzwolle übrig hat, kann sie den Tieren ebenfalls anbieten. Auch in den Schalen von Nüssen stöbern die Rennies gern nach Freßbarem.

Wer das Angebot aus dem eigenen Haushalt noch erweitern möchte, findet im Zoofachhandel eine Fülle von Spielzeug für seine Rennmäuse wie etwa Holzburgen, Krabbelhütten, Grasnester, Wippen, Schaukeln und Krabbelröhren.

TIPP vom ZOOHÄNDLER

Weil die größte Leidenschaft der Rennmäuse das Nagen ist, sollten die Beschäftigungsgegenstände für die Tiere besser aus Holz statt aus Kunststoff sein. Verschluckte Kunststoffteilchen können gefährliche Gesundheitsprobleme bei Ihren Rennmäusen verursachen.

Die bewegliche Kletterkugel ist eine Herausforderung an das hoch entwickelte Orientierungsvermögen der Rennmäuse.

Glücklich und aktiv

Speedy, rechts im Bild, ist bereits drei Jahre alt, Mausi hat erst vor sechs Wochen das Licht der Welt erblickt. Alt und Jung vertragen sich gut. Nur kann Speedy nicht mehr mit Mausis Tempo mithalten, wenn sie beide durchs Zimmer flitzen. Mausi verhält sich der älteren Rennmaus gegenüber respektvoll. Schließlich ist Speedy älter und somit das ranghöhere Tier im Rennmausclan.

im Alter

old & happy

Wie alt werden Rennmäuse?

In den heimischen Lebensräumen der Mongolischen Rennmäuse haben Wissenschaftler untersucht, wie alt die Tiere in der Natur werden. Die Lebenserwartung der kleinen Nager liegt hier im Durchschnitt nur bei etwa einem Jahr. Kein Wunder, denn Rennmäuse haben zahlreiche Feinde. Besonders Iltisse und Eulen setzen den Nagern zu. Als Heimtiere, gute Pflege vorausgesetzt, werden Rennmäuse etwa drei- bis viermal so alt wie in der Natur. Die Gründe dafür liegen auf der Hand: Es gibt keine natürlichen Feinde und das Nahrungsangebot ist – verglichen mit natürlichen Lebensverhältnissen – reichlich, ausgewogen und abwechslungsreich. Biologen sind der Auffassung, dass die Hauptaufgabe der Lebewesen – gleich ob Tiere oder Pflanzen – in ihrer Arterhaltung, also in der eigenen Vermehrung liegt. Auch wenn damit nicht schlüssig beantwortet ist, was die Rennmaus bei all ihrem Aufwand für diese Leistung als einzelnes Lebewesen davon hat: Bei umgerechnet 25 bis 60 direkten Nachkommen in freier Wildbahn (und

Was sich im Alter ändert

➡ **Aussehen:**
Im Alter bekommen Rennmäuse hier und da ein paar graue Haare im Fell.

➡ **Verhalten:**
Sie behalten zwar die Grundzüge ihres Verhaltens bei, üben ihre Tätigkeiten aber weniger quirlig und insgesamt – wie es scheint – bedächtiger aus.

➡ **Sozialverhalten:**
Bei Begegnungen mit anderen Tieren sind ältere Exemplare nicht mehr so tummelfreudig und lassen sich weniger leicht in eine Balgerei verwickeln. Jüngere Tiere begegnen den ranghöheren, älteren Tieren mit deutlich mehr Respekt.

➡ **Ernährung:**
Ältere Rennmäuse benötigen weniger Eiweiß als Jungtiere. Häufig fette Saaten zu füttern, wie etwa Sonnenblumenkerne, schadet ihnen. Achten Sie auf das Gewicht der Tiere sowie genügend Auslauf.

➡ **Hören:**
Das Vermögen, höhere Töne wahrzunehmen, schwindet. Ihr optimales Hörvermögen verschiebt sich hin zu den tieferen Tönen.

➡ **Krankheiten:**
Im Alter steigt die Gefahr von Tumorwachstum oder auch, besonders bei zu fettreicher Ernährung, Kreislauferkrankungen (z. B. Schlaganfall).

leicht doppelt so vielen bei der Haltung als Heimtier) hätte sie aber dennoch ihre Aufgabe durchaus zufriedenstellend erledigt.

Für Rennmausfreunde gelten, Biologie hin oder her, jedoch andere Maßstäbe. Nicht die Effizienz der Tierart ist für sie entscheidend, sondern die Freude an jedem einzelnen dieser kleinen Geschöpfe – und das für seine gesamte, möglichst lange Lebensdauer.

Vom Sterben der Rennmäuse

Die beiden häufigsten Todesursachen bei Rennmäusen sind Krankheiten und der altersbedingte Tod, der allerdings häufig mit einer Tumorerkrankung einhergeht.

Krankheiten entstehen nicht selten durch Fehler bei der Haltung der Tiere. Möglicherweise ist die Ernährung nicht ausgewogen oder der Käfig steht beispielsweise in Zugluft, die Rennmäuse vertragen sich nicht untereinander oder ihnen fehlt Nagematerial, damit sie sich beschäftigen können. Solche Stress-Situationen schwächen die Abwehrkraft Ihrer Rennmäuse. Krankheiten werden begünstigt und können zum Tod führen, wenn die Ursachen nicht beseitigt werden. Konkrete Beispiele hierfür sind:

→ Fortgeschrittene Erkältungen und Entzündungen der Atemwege (wegen zu kühler und feuchter Haltung).

→ Nicht auskurierte Durchfälle (ausgelöst durch falsche Ernährung oder verdorbenes Futter, Infektionen und Innenparasiten).

→ Krampfanfälle (besonders frühere Zuchtstämme waren stark epilepsieanfällig. Das Problem tritt zunehmend seltener auf).

Die Anzeichen einer ernsthaften Erkrankung sind manchmal erkennbar, wenn Sie Ihre Rennmäuse regelmäßig beobachten. Das kranke Tier sondert sich von der Gruppe ab,

Auch wenn die Bewegungen langsamer werden, das Stöbern und Spielen ist immer noch interessant, genauso wie ein vitaminreicher Leckerbissen.

TIPP vom TIERARZT

Wie schmerzhaft eine Krankheit für eine Rennmaus ist, kann man als Laie nicht einschätzen. Bei Krankheitsanzeichen sollten Sie sofort einen Kleintierarzt zu Rate ziehen. Nur er kann entscheiden, ob eine Heilung möglich ist oder das Tier besser eingeschläfert werden sollte.

magert ab, verliert seine Agilität, bekommt ein struppiges Fell, kauert weitgehend teilnahmslos in einer Käfigecke oder fällt sogar auf die Seite, bevor der erlösende Tod eintritt. Beachten Sie in solchen Situationen den Tipp des Tierarztes (oben), und schützen Sie im Falle infektiöser Erkrankungen den Rest des Clans.

Eine Todesursache von nestjungen Rennmäusen ist besonders grausam: Sie werden von der eigenen Mutter aufgefressen. Dieses Verhalten kann verschiedene Ursachen haben. Zum einen mag die Rennmausmutter plötzlich vielleicht Heißhunger auf eiweißreiche Kost verspüren. Achten Sie deshalb in der Zeit der Trächtigkeit und Jungenaufzucht auf eine eiweißreiche Ernährung der Mutter.

Zum Kannibalismus kann es allerdings auch dann kommen, wenn man der Mutter und ihrem Nachwuchs nicht die nötige Ruhe gönnt. Die Mutter gerät dann unter starken Stress.

Ist es der einzelnen Rennmaus gelungen, über Jahre hinweg gesund zu bleiben, so naht dennoch im Alter von rund drei Jahren (ganz selten auch erst mit fünf Jahren) die Stunde des Abschieds. Der altersbedingte Tod einer Rennmaus findet in aller Regel unspektakulär statt: Eines Tages liegt sie einfach tot im Käfig.

Abschied vom Tier

Heißt es von einem kranken oder alten Tier Abschied nehmen, fällt das schwer. Gerade weil die niedlichen Nager so lebhaft und zutraulich sind, hat man sie schnell ins Herz geschlossen. Beim Tod des geliebten Tieres kommen häufig viele Erinnerungen auf. Auch im Alltag wird man merken, dass der quirlige Kleine fehlt, wenn im Käfig nur noch eine oder gar keine Rennmaus mehr sitzt.

Erwachsene begreifen das Ende eines Rennmauslebens eher als etwas Natürliches. Kinder hingegen, vor allem, wenn es für sie das erste Erlebnis dieser Art ist, brauchen jetzt die besondere Hilfe der Erwachsenen. Da dürfen dann auch ruhig Tränen kullern. Schaut man sich zusammen mit den Kindern noch einmal die Fotos oder Videos von dem geliebten Heimtier an, blättert man vielleicht im ganz persönlichen Rennmaustagebuch, hilft dies dem Kind, die Situation besser zu fassen und zu akzeptieren. Sicher findet sich im Garten oder auf einer Wiese ein Plätzchen, wo die tote Rennmaus begraben werden kann. So bleibt über lange Zeit die Erinnerung an das Tier erhalten, wann immer man diesen Platz aufsucht oder einen der Weg daran vorbeiführt.

Wenn der Partner stirbt

Es ist nicht nur für den Rennmausfreund traurig, wenn eines seiner Tiere stirbt. Auch für den Rennmauspartner ist es wahrscheinlich ein schlimmer Verlust. Wir wissen zwar noch nichts darüber, wie Rennmäuse den Tod eines Partners erleben. Doch Rennmauspärchen leben weitgehend in Einehe. Es ist also anzunehmen, dass sie den Partnerverlust deutlich spüren. Auch wenn zwei gleichgeschlechtliche Tiere allein in einem Käfig gehalten werden, kann man davon ausgehen, dass der Hinterbliebene seinen Partner vermisst. Schließlich ist jetzt niemand mehr zum Balgen, Putzen und Kuscheln da. Umso besser, wenn man zuvor die Möglichkeit hatte, die Rennmäuse in einer Sippe zu halten. Selbst wenn einzelne Tiere nicht mehr da sind, bleiben noch viele andere Clanmitglieder. Auch bei der Aufteilung von Rennmausgruppen auf Einzelkäfige kann man vorausschauend handeln (→ Seite 18).

Gut, wenn die Gruppe etwa gleichaltrig ist. Rennmäuse, die in der Sippe leben, finden beim Tod eines Einzeltiers untereinander Trost.

Bleibt aber eine Rennmaus allein zurück, ist es natürlich schön, wenn es gelingt, sie an einen neuen Partner zu gewöhnen. Stellen Sie sich jedoch zuvor die Frage, wie groß der Altersunterschied des älteren zum jüngeren Tier ist. Sie werden vor dem gleichen Problem stehen, wenn wiederum das ältere Tier stirbt. Besser, Sie gesellen gleich zwei gleichaltrige Rennmäuse der hinterbliebenen hinzu. So bleiben später einmal zwei Tiere übrig – und die haben in etwa die gleiche Lebenserwartung. Ebenso wie das Gewöhnen neuer Tiere an ein hinterbliebenes (→ Seite 17) kann es schwierig werden, eine einzelne Rennmaus in eine bestehende Gruppe zu integrieren. Aber es ist nicht ausgeschlossen, dass auch das

klappt, wenn man die Geduld dazu aufbringt. Gelingt jedoch alles nicht und muss eine Rennmaus wohl oder übel allein bleiben, können Sie ihr dennoch viel Gutes tun. Achten Sie darauf, dass sie stets vielseitiges Nage- und Nestbaumaterial zur Verfügung hat und im Laufrad wie beim heißgeliebten Auslauf in der Wohnung möglichst viel Abwechslung und Beschäftigung findet.

Wenn ein Tier in der Gruppe stirbt

Stirbt eine Rennmaus als Teil eines Pärchens oder eines gleichgeschlechtlichen Paares, ist das hinterbliebene Tier besonders von dessen Tod betroffen. Aber auch dann, wenn ein einzelnes Tier einer Gruppe stirbt, kann das für das Gruppengefüge von Bedeutung sein. Zunächst scheint – von außen betrachtet – ein Clan das Fehlen eines Mitglieds so lange nicht besonders tragisch zu nehmen, als es sich um ein untergeordnetes Tier handelt. Anders hingegen, wenn ein älteres, führendes Clanmitglied nicht mehr da ist. Gerade die älteren Clanführer sind, so lange sie ihren Rang behaupten können, die von allen geachteten Autoritäten. Das können Sie zum Beispiel dann beobachten, wenn diese Tiere beim Streit von jüngeren dazwischengehen und wieder für Ruhe im Käfig sorgen. Die Streithähne lassen sich das gefallen.

Anders also, wenn ein solcher »Chef« oder eine solche »Chefin« sterben. Dann nämlich treten die Führungsansprüche der nachfolgenden Tiere im Clan zu Tage und Rangeleien, sogar Beißereien können die Folge sein, bis die »Thronfolge« ausgemacht ist. Eingreifen müssen Sie nur, wenn der Streit überhand nimmt.

Ob ein Mehlwurm oder leckerer Joghurt, beide sind eiweißreich. Doch die ältere Rennmaus braucht weniger Eiweiß als Jungtiere, die noch wachsen.

Die Schlemmerstraße

Eine der liebsten Beschäftigungen ist für Dschingis und Khan der Futterpfad. Wenn sie im Zimmer laufen, lege ich ihnen manchmal Leckerbissen wie Sonnenblumenkerne, Rosinen, Nüsse und Kürbiskerne als Futterstraße durchs Zimmer. Immer der Nase nach verschwindet dann eine Leckerei nach der anderen im Mäulchen. So kann ich die beiden fast überallhin leiten. Kürzlich wählte ich das Mäuse-Heim als Endstation der Schlemmerstraße. Die letzten Leckerbissen lagen auf dem geöffneten Käfigtürchen, das wie eine Brücke zum Boden reichte. Doch ich hatte nicht mit der Cleverness meiner Rennies gerechnet. Die wußten genau, was Sache war. Der Käfig hätte für heute das Ende ihrer Freiheit bedeutet und darauf hatten weder Dschingis noch Khan Lust. Also verzichteten sie lieber auf die letzten Rosinen und tollten stattdessen weiter ausgelassen im Zimmer umher. Ich brachte es nicht übers Herz, sie einzufangen, denn offenbar hatten sie ihren Bewegungsdrang noch nicht genügend befriedigt. Erst zwei Stunden später wurden sie müde und suchten nun ganz ohne List ihr Schlafnest im Käfig auf. Dicht aneinander gekuschelt träumten sie wohl schon von neuen Leckereien, die es aber natürlich nicht jeden Tag gibt.

Register

Beim Ausflug ins Moos findet sich doch bestimmt noch brauchbares Nistmaterial.

Engelbert Kötter
hält und züchtet seit vielen Jahren Rennmäuse. Er hat absolute Pionierarbeit bei der artgerechten Rennmaus-Haltung geleistet. Die beiden GU TierRatgeber »Rennmäuse«, die er verfasst hat, haben nicht unwesentlich zur Etablierung der Rennmaus als Heimtier beigetragen.

Christine Steimer
ist Tierfotografin mit Leib und Seele. Sie arbeitet für internationale Buchverlage, Fachzeitschriften und Werbeagenturen.

Gabriele Linke-Grün
arbeitet seit vielen Jahren als freie Journalistin für die GU-Naturbuchredaktion, verschiedene Tierzeitschriften und Schulbuchverlage. Sie schrieb die Rennmaus-Erlebnisse.

Adressen

• Bundesarbeitsgruppe
Kleinsäuger,
Auskunft über Herrn
Klaus Rudloff, Tierpark
Berlin Friedrichsfelde,
Am Tierpark 125,
10307 Berlin
oder Frau Anjali Gutleber,
Landshuter Str. 36,
84187 Wenghörmannsdorf
• RÖK Rassezuchtverband
Österreichischer Kleintier-
züchter, Geschäftsstelle:
Dr.-Karl-Lueger-Ring 14/II,
A- 1010 Wien
• Fragen zur Rennmaus-
haltung beantworten Ihr
Zoofachhändler und
der Zentralverband
Zoologischer Fachbetriebe
Deutschlands e.V,
63225 Langen,
Tel. 06103/910 732
(nur telefonische Auskunft
möglich)

Zeitschriften
und Broschüren

• Hamster & Co,
Branchen-Fachverlag Ulrich,
36211 Alheim
• Geflügel-Börse,
Verlag Jürgens KG,
82102 Germering

Dank

Fotografin und Verlag danken
der Firma Wagner & Keller,
Ludwigshafen, für die freund-
liche Unterstützung. Die Firma
setzt sich seit langem erfolg-
reich für die tiergerechte
Unterbringung in Vogel- und
Kleintierheimen ein.

Impressum

© 2000 Gräfe und Unzer
Verlag GmbH, München. Alle
Rechte vorbehalten. Nach-
druck, auch auszugsweise,
sowie Verbreitung durch Bild,
Funk, Fernsehen und Internet,
durch fotomechanische Wie-
dergabe, Tonträger und
Datenverarbeitungssysteme
jeder Art nur mit schriftlicher
Genehmigung des Verlages.

Redaktion: Anita Zellner,
Gabriele Linke-Grün
Umschlaggestaltung und
Layout: Heinz Kraxenberger
Satz/Herstellung: Heide Blut
Produktion: Susanne
Mühldorfer
Reproduktion: w&co
Druck und Bindung: Stürtz

Printed in Germany

ISBN: 3-7742-1271-6
Auflage: 4.   3.   2.   1.
Jahr: 03 02 01 2000

Das Original
mit Garantie

Ihre Meinung ist uns wichtig.
Deshalb möchten wir Ihre
Kritik, gerne aber auch Ihr Lob
erfahren. Um als führender
Ratgeberverlag für Sie noch
besser zu werden. Darum:
Schreiben Sie uns! Wir
freuen uns auf Ihre Post und
wünschen Ihnen viel Spaß mit
Ihrem GU-Ratgeber.

Unsere Garantie: Sollte ein
GU-Ratgeber einmal einen
Fehler enthalten, schicken Sie
uns bitte das Buch mit einem
kleinen Hinweis und der Quittung
innerhalb von sechs Monaten
nach dem Kauf zurück.
Wir tauschen Ihnen den
GU-Ratgeber gegen einen
anderen zum gleichen oder
ähnlichen Thema um.

Ihr Gräfe und Unzer Verlag
Redaktion Natur
Stichwort: Aus Liebe zum Tier
Postfach 860325
81630 München
Fax: 089/41981-113
e-mail:
leserservice@graefe-und-unzer.de

AUS LIEBE ZUM TIER
damit Ihr Heimtier sich wohl fühlt

Besuchen Sie uns
im Internet:

www.gu-tierclub.de

ISBN 3-7742-2626-1
64 Seiten

ISBN 3-7742-1267-8
64 Seiten

ISBN 3-7742-1254-6
64 Seiten

Gutgemacht. Gutgelaunt.

So ist meine Rennmaus

Es kann vorkommen, dass Sie plötzlich verreisen müssen oder krank werden. Dann muss ein anderes Familienmitglied oder ein Nachbar kurzfristig die Pflege Ihrer Rennmäuse übernehmen. Hier haben Sie die Möglichkeit, die Besonderheiten Ihrer kleinen Freunde einzutragen.

So heißen meine Rennmäuse:

1

2

Das ist ihre Fellfarbe:

1

2

Daran erkenne ich sie sofort:

1

2

So füttere ich meine Rennmäuse:

Das bekommen sie als Leckerbissen:

Das ist im Umgang mit ihnen zu beachten:

Diese Pflegemaßnahmen sind sie gewöhnt: